LECTURE EN FRANÇAIS FACILE

Arsène Lupin,

gentleman cambrioleur

Niveau 2

Maurice Leblanc

ADAPTÉ EN FRANÇAIS FACILE
PAR CATHERINE BARNOUD

CLE
INTERNATIONAL
www.cle-inter.com

Sommaire

Adaptation, d'après les nouvelles de Maurice Leblanc,
Arsène Lupin, gentleman cambrioleur,
Collection Le Livre de Poche,
© Librairie Générale Française et Claude Leblanc, 1972

Édition : Marie-Christine COUET-LANNES
Couverture : GRUPO ADRIZAR, Judith MORENO
Illustration couverture : Fernando DAGNINO
Illustrations de l'intérieur : François DAVOT
Maquette et mise en page : ALINÉA
Photo p. 3 : Portrait de Maurice Leblanc (1864-1941),
journaliste et écrivain. © Costa / Leemage.

© CLE International
ISBN : 978-209-031-624-7

Maurice Leblanc
(1864-1941)

Maurice Leblanc est né à Rouen en 1864. Très jeune, il fréquente Guy de Maupassant et Gustave Flaubert. Journaliste, il écrit quelques romans et pièces de théâtre sans être très apprécié. Puis le directeur du magazine *Je sais tout* lui demande d'imaginer un héros d'aventures policières, à la manière de Sherlock Holmes.

En 1905, Maurice Leblanc imagine Arsène Lupin. De nombreuses publications, des adaptations pour le cinéma et le théâtre font le succès de ce personnage pendant plus de trente ans. En voici quelques titres :

Arsène Lupin, gentleman cambrioleur (1907) ; *Arsène Lupin contre Herlock Sholmes* (1908) ; *Le Bouchon de cristal* (1912) ; *Les Huit Coups de l'horloge* (1923) ; *Victor, de la brigade mondaine* (1934).

Maurice Leblanc meurt en 1941.

Arsène Lupin

Les aventures

Arsène Lupin apparaît dans un grand nombre d'histoires policières que le public lit pour la première fois en 1905, dans le magazine *Je sais tout.*

Arsène Lupin est un cambrioleur* élégant, qui vit au début du XXe siècle, à Paris. Il aime les objets d'art et les bijoux les plus précieux. Il s'introduit chez les gens riches pour voler, mais il agit sans violence.

Le personnage est astucieux et impertinent. Il adore se métamorphoser pour échapper à l'inspecteur Ganimard. Il n'hésite pas à laisser des preuves de son passage pour tromper la police.

Thèmes principaux

La ruse, la liberté, l'argent, la justice.

Les mots suivis d'un astérisque (*) sont expliqués dans le lexique, page 47.

— 1 —

Le Coffre-Fort de Madame Imbert

À trois heures du matin, il y a encore quelques voitures devant le petit hôtel du boulevard Berthier, à Paris. La porte s'ouvre. Les invités sortent, des hommes et des femmes partent en voiture. Il ne reste qu'un monsieur, au coin de la rue de Courcelles, décidé à rentrer à pied jusqu'à la porte Maillot. Il traverse l'avenue de Villiers et continue son chemin sur le trottoir opposé.

Par cette belle nuit d'hiver, froide et claire, il a plaisir à marcher. On respire bien. Quelques minutes passent, puis il a soudain l'impression désagréable que quelqu'un le suit. Il se retourne et aperçoit l'ombre* d'un homme entre les arbres. Il n'est pas peureux, mais il préfère marcher plus vite. L'inconnu le suit toujours. Il s'arrête et se prépare à sortir son revolver. Mais l'inconnu se précipite sur lui. L'homme appelle au secours ; il est par terre et l'agresseur lui met un mouchoir dans la bouche. Ses yeux se ferment, il s'évanouit*.

À cet instant, l'inconnu reçoit un coup de canne, il crie et s'enfuit.

Quelques minutes s'écoulent, l'homme ouvre les yeux et aperçoit quelqu'un qui lui demande : « Êtes-vous blessé*, monsieur ? »

Il n'est pas blessé, mais a du mal à se tenir debout. Attirées par les cris, d'autres personnes arrivent. Puis une voiture. L'homme est conduit à son hôtel de l'avenue de la Grande-Armée, accompagné de son sauveur*.

– Je vous dois la vie, monsieur. Vous pouvez croire que je n'oublierai jamais. Je veux vous présenter ma femme, venez déjeuner demain. Je m'appelle Ludovic Imbert. »

Puis il demande :

– Et vous ? Monsieur…

– Arsène Lupin, répond le sauveur.

À ce moment, Arsène Lupin n'est pas encore célèbre. Il ne s'appelle même pas Arsène Lupin. C'est un nom qu'il a imaginé pour désigner le sauveur de monsieur Imbert. Il a décidé de devenir un cambrioleur* redoutable, mais il n'a pas beaucoup d'expérience.

Le lendemain, quand il se réveille, Arsène Lupin se rappelle aussitôt l'invitation de la nuit. Enfin il va approcher les millions des Imbert…

Il se lave, s'habille pour le déjeuner. Il veut être élégant, mais ses vêtements font apparaître sa pauvreté. Il quitte son appartement de Montmartre. Il descend l'escalier et il frappe avec sa canne à la porte du troisième étage, mais il ne s'arrête pas.

Sur les boulevards extérieurs, un tramway passe. Il monte dedans, suivi du locataire du troisième étage qui s'assoit à côté de lui et lui dit :

– Eh bien, patron ?

– Eh bien c'est fait.

– Comment ?

– Je déjeune avec eux.

– Vous déjeunez !

– Et oui, j'ai sauvé la vie à ce monsieur que tu as attaqué. Et il m'invite pour me remercier.

– Mon petit, dit Arsène, si j'ai imaginé cette agression cette nuit, si je suis venu te donner un coup de canne à trois heures du matin, ce n'est pas pour abandonner maintenant.

– Mais, ce que les gens disent de leur richesse…

– Laisse-les dire. Depuis six mois, je me renseigne, j'étudie, j'interroge les serviteurs, j'observe le mari et la femme… Je ne sais pas si tout l'argent vient du vieux Brawford, mais je sais que cet argent existe. Et comme il existe, il est à moi.

– Cent millions !

– Bon, disons dix, ou même cinq ! Il y a de gros paquets d'actions* dans le coffre-fort*. Je vais bien trouver la clé, un jour ou l'autre.

– Et pour le moment ?

– Pour le moment, rien à faire. Nous avons le temps.

Le tramway s'arrête place de l'Étoile. Cinq minutes plus tard, Arsène Lupin monte le somptueux escalier de l'hôtel Imbert. Ludovic le présente à sa femme, Gervaise. C'est une bonne petite dame, toute ronde. Elle fait à Lupin le meilleur accueil :

– Fêtons notre sauveur ! dit-elle.

Et ils déjeunent tous les trois. Arsène raconte sa vie, les tristesses de son enfance, les difficultés du présent. Gervaise parle de son mariage, des cent millions du vieux Brawford et des obstacles qu'ils connaissent pour bénéficier de l'héritage*.

– Pensez, monsieur Lupin, les actions sont là, dans le bureau de mon mari. Elles sont là, dans notre coffre-fort, et nous ne pouvons pas les utiliser.

Arsène Lupin dit qu'il vit dans la misère, et aussitôt monsieur et madame Imbert décident de le nommer secrétaire particulier. Pour cent cinquante francs* par mois, il continue à habiter chez lui, mais il vient chaque jour travailler ici. Deux chambres du deuxième étage sont libres, il choisit celle située au-dessus du coffre-fort comme bureau.

Très vite, il s'aperçoit qu'il n'a pas beaucoup de choses à faire. Quatre lettres en deux mois, une seule conversation dans le bureau de son patron… Donc une seule opportunité de voir le coffre-fort!

Ce n'est pas suffisant, alors il trouve d'autres occasions pour rendre visite au coffre-fort. Un jour, enfin, il est seul devant le coffre. Impossible de l'ouvrir!

Il doit trouver une ruse. Après des heures d'observation, il perce un trou dans le parquet* de sa chambre et fait passer un tuyau qui va lui permettre de voir et d'entendre ce qui se passe dans le bureau du dessous. À partir de ce moment, il reste des heures à observer le bureau du premier étage. Il voit souvent monsieur et madame Imbert devant le coffre-fort; ils manipulent des dossiers. Pour ouvrir le coffre, monsieur Imbert tourne plusieurs fois les quatre boutons qui commandent la serrure*. Arsène Lupin écoute alors attentivement, pour essayer de deviner chaque chiffre de la combinaison secrète. Mais que font-ils de la clé? Où est-elle cachée? Arsène ne le sait pas.

Un jour, il aperçoit monsieur et madame Imbert qui sortent du bureau, sans refermer le coffre. Mais quand il descend, les Imbert sont déjà revenus.

– ... Nous voulons un conseil : quelles actions devons-nous vendre, cher ami ?

Gervaise prend un paquet dans le coffre. Son mari lui dit :
– Non, il ne faut pas vendre *L'Extérieure*, elle va monter... *La Rente* est au plus haut, il faut la vendre maintenant.

Un jour, Arsène Lupin entend que Gervaise et Ludovic Imbert ont décidé de faire l'inventaire de leur coffre.

« C'est pour ce soir », pense Lupin. Il écoute. Ludovic arrive dans son bureau, puis Gervaise. Ils vérifient un par un les documents du coffre. Arsène Lupin attend que les employés se couchent. Il est minuit. Il n'y a plus personne au premier étage. Les Imbert n'ont pas terminé.

« J'y vais », pense Lupin. Il ouvre sa fenêtre. Il fait noir, il n'y a pas de lune, ni d'étoiles. Il attache une corde à son balcon et il se laisse glisser jusqu'à l'étage du dessous. De gros rideaux* épais cachent l'intérieur. Il reste immobile. Puis il pousse légèrement la fenêtre qu'il a ouverte de l'intérieur, dans l'après-midi. L'air froid entre dans le bureau.

Alors, Gervaise dit à son mari :
– J'ai froid. Je vais me coucher. Et toi ?
– Je voudrais finir.

Gervaise sort. Arsène Lupin attend vingt minutes, puis trente. Il entre par la fenêtre. Ludovic se retourne et voit les rideaux gonflés par le vent. Il se lève pour fermer la fenêtre...

Il n'y a pas un cri. Avec quelques gestes précis, Arsène enveloppe le visage de Ludovic dans le rideau et l'attache. Monsieur Imbert ne voit pas le visage de son agresseur.

Rapidement, Arsène prend des paquets d'actions dans le coffre, descend l'escalier, traverse la cour et ouvre la porte de service. Son complice l'attend dans une voiture. En deux allers et retours, les deux voleurs vident* le coffre. Puis Arsène monte dans sa chambre, retire la corde. Il n'y a plus de trace de son passage. Le plan a réussi.

Quelques heures après, Arsène Lupin et son complice regardent attentivement ce qu'ils ont volé* : la richesse des Imbert n'est pas si considérable. Et puis, ils ne peuvent pas vendre les actions tout de suite…

Le lendemain, Arsène retourne à l'hôtel Imbert. Mais tous les journaux parlent de la disparition de Ludovic et de Gervaise. Le coffre est ouvert par les policiers qui trouvent très peu de choses.

Pourquoi monsieur et madame Imbert n'ont pas dit à la police qu'on leur avait volé des millions de francs ? Arsène Lupin ne le sait pas. Il n'a jamais revu les Imbert et n'a pas de pitié pour eux, car tous les documents volés étaient des FAUX ! Et les Imbert ont dit à tout le monde qu'Arsène Lupin était André Brawford… Donc les banques leur prêtaient* de l'argent sans problème.

Quelle leçon pour un débutant ! En plus, Gervaise doit mille cinq cents francs à Arsène Lupin ! Toutes ses économies de jeunesse…

Arsène Lupin perd donc mille cinq cents francs à cause d'une vieille dame. Il pense lui voler des millions, et après des mois d'efforts, c'est le voleur* qui est volé !

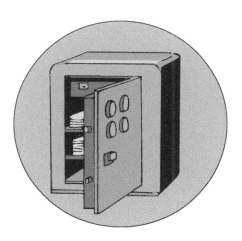

Pour comprendre la première aventure

Complétez le résumé avec les principaux personnages :
Arsène Lupin, Ludovic Imbert, Gervaise Imbert.

Avec un complice, ... organise l'agression

de .... pour s'approcher du coffre-fort.

Un soir, le couple est dans le bureau pour compter tout l'argent.

.... va se coucher et ....

attaque .... pour voler le contenu du coffre.

Le lendemain, ... et ....

ont disparu. On apprend que les documents volés sont tous faux

et que .... doit mille cinq cents francs à

....

Vrai ou faux ?

	VRAI	FAUX
Arsène Lupin est l'homme qui agresse M. Imbert.	☐	☐
Ludovic et Gervaise habitent l'hôtel Imbert.	☐	☐
Arsène Lupin devient secrétaire de M. et Mme Imbert.	☐	☐
Arsène Lupin trouve la clé du coffre.	☐	☐
Le coffre-fort contient des millions de francs.	☐	☐
Gervaise a disparu et n'a pas rendu l'argent à Arsène Lupin.	☐	☐

Répondez aux questions.

– Où se passe le début de l'histoire ?

– À quel étage se trouve le coffre-fort ?

– À quel étage se trouve le bureau d'Arsène Lupin ?

– À quelle heure Gervaise va-t-elle se coucher ?

– À quelle heure Arsène Lupin attaque-t-il Ludovic ?

– Quand apprend-on la disparition de Gervaise et Ludovic ?

Choisissez la formulation correcte.

Arsène Lupin donne un coup de canne à :

☐ M. Imbert ☐ l'agresseur ☐ un inconnu

Arsène Lupin espère voler des millions de francs à :

☐ M. et Mme Imbert ☐ M. Brawford ☐ son voisin

On pense que M. et Mme Imbert attendent l'héritage de :

☐ Arsène Lupin ☐ leurs banquiers ☐ M. Brawford

Pour finir, Arsène Lupin :

☐ a gagné des millions de francs

☐ a perdu mille cinq cents francs

☐ a gagné mille cinq cents francs.

Retrouvez les mots ou expressions contraires.

Exemple : arriver / partir

Prêter •	• être inconnu
Arriver •	• emprunter
Être peureux •	• gagner
Être célèbre •	• être courageux
Perdre •	• partir

La Perle noire

Une nuit, un violent coup de sonnette* réveille la gardienne du numéro 9 de l'avenue Hoche, à Paris. Elle ouvre la porte de l'immeuble et dit :

– Il est au moins trois heures !

Son mari répond :

– C'est peut-être pour le docteur.

Une voix demande :

– Le docteur Harel… quel étage ?

– Troisième à gauche. Mais le docteur ne reçoit pas la nuit !

– Il va me recevoir.

L'homme est dans l'entrée, il monte un étage, deux étages. Il ne s'arrête pas au troisième. Arrivé au cinquième étage, il sort deux clés de sa poche et il essaie d'ouvrir une porte.

« Parfait, se dit-il, c'est assez simple. Mais avant d'agir, il faut que je pense à ma sortie. »

Au lieu de fermer la porte d'entrée derrière lui, il met un morceau de fer dans la serrure*. Il peut revenir quand il veut. Il descend et il fait un signe à la gardienne de l'immeuble.

Il revient donc un peu plus tard, sans bruit. Il remonte les cinq étages, ouvre la porte sans difficulté et rentre dans l'appartement. Il pose son manteau et son chapeau dans l'entrée, sur une chaise. À la lumière d'une lampe de poche, il met des chaussons* par-dessus ses bottes, pour ne pas faire de bruit.

« Ouf! ça y est… Comme c'est facile! Je me demande pourquoi tout le monde ne choisit pas le beau métier de cambrioleur. »

Il déplie* un plan précis de l'appartement.

« Bon. Où suis-je? Ici c'est l'entrée. Côté rue, il y a le salon et la salle à manger. Inutile d'aller par là, il paraît que la décoration est déplorable… pas un objet de valeur! Donc, voilà le couloir puis les chambres. À trois mètres, sur mon plan, il y a la porte du placard* qui communique avec la chambre de la comtesse*. »

Il plie son plan, éteint sa lampe et va dans le couloir pour compter :

Un mètre, deux mètres, trois mètres…

Voici la porte !

Comment l'ouvrir ? Il sort de sa poche ce qu'il faut pour faire sauter la serrure, puis soudain il se demande : « Cette porte est-elle fermée ?... Essayons. » Il essaie. La porte s'ouvre. « Mon cher Lupin, tu as de la chance. Et maintenant ? Tu as vu le plan de l'appartement... tu connais l'endroit où la comtesse cache la perle noire... Il faut donc être silencieux comme le silence et invisible comme la nuit. »

Arsène Lupin met une bonne demi-heure à ouvrir la seconde porte de la chambre, sans perturber le silence de la nuit.

D'après les indications de son plan, il y a une chaise, puis un fauteuil et une petite table située près du lit. Sur cette table, il y a une boîte et, à l'intérieur, la perle noire.

Il n'y a pas de lumière et il se déplace à quatre pattes*, très lentement, guidé par ses mains qui reconnaissent les objets. Voilà, il est passé devant la chaise. Il entend son cœur battre très fort, dans le silence.

Il continue. Il touche le fauteuil, puis un pied de la table.

Enfin ! Il va se lever, prendre la perle et partir. Mais son cœur recommence à battre très fort et il pense qu'il va réveiller la comtesse.

Quand il se lève, sa main gauche touche un objet sur le tapis*. Il reconnaît un bougeoir* tombé par terre. Puis, à côté, une montre.

Quoi ? Que se passe-t-il ? Pourquoi ces objets ne sont-ils pas à leur place habituelle ?

Il pousse un cri : il a touché quelque chose d'étrange. Il est immobile, de grosses gouttes de sueur coulent sur son front.

Il trouve le courage de tendre sa main à nouveau et de toucher cette chose inattendue... Ce sont des cheveux, un visage... un visage froid.

Il allume aussitôt sa lampe et voit une femme étendue par terre, devant lui. Elle a des blessures* sur le cou et sur les épaules. Elle est couverte de sang. Elle est morte !

«Morte, morte», répète-t-il.

Il se lève et éclaire la chambre. La femme a certainement lutté contre son agresseur. Tout est en désordre : le lit, les objets. L'agression est récente. Par terre, il voit le bougeoir et la montre (elle marque 11 h 20).

Et la perle noire ? La boîte est à sa place. Il l'ouvre, mais elle est vide.

Pas de chance ! La comtesse assassinée*, la perle noire disparue... Dans une situation pareille, on pense sans doute à fuir, mais Arsène Lupin réfléchit. Il imagine qu'il est le commissaire de police qui vient sur les lieux pour l'enquête... Alors il s'assoit dans un fauteuil, réellement troublé par ce qu'il a découvert ici.

Ce qui s'est passé ce soir-là avenue Hoche, personne ne le sait précisément.

Vingt ans avant sa mort, Léontine Zalti, la veuve du comte d'Andillot, vivait à Paris dans un luxe extraordinaire. On se souvient de ses colliers de diamants et de ses perles dans toute l'Europe. Mais un jour toutes ses richesses ont disparu, sauf *la perle noire*. La fameuse perle noire, cadeau d'un empereur, et qui vaut beaucoup d'argent.

Deux jours après la découverte d'Arsène Lupin, les journaux parlent de l'événement :

« On annonce l'arrestation de Victor Danègre, l'employé de maison de la comtesse d'Andillot. Quelles preuves a-t-on contre lui ? La police a constaté des taches de sang sur son gilet. Or, dès le début des recherches, un bouton de ce gilet a été retrouvé sous le lit de la victime.

Un soir après le dîner, Danègre a peut-être vu la comtesse cacher la perle noire. Mais il y a quelque chose d'étrange : à sept heures du matin, Danègre est allé au bureau de tabac du boulevard de Courcelles. La cuisinière et une autre employée de maison affirment qu'à huit heures, toutes les portes étaient fermées à clé. Comment Danègre est-il sorti de l'appartement, lui qui n'a jamais eu de clés ? »

Les recherches ne permettent pas une meilleure compréhension de cet assassinat. On apprend que Victor Danègre est un alcoolique et qu'il a déjà eu des problèmes avec la police. Mademoiselle de Sinclèves, unique héritière* de la comtesse, déclare qu'elle a reçu une lettre de la victime, avec des indications précises sur la perle noire. Le lendemain, on constatait la disparition de la perle. Qui l'a volée ?

De son côté, la gardienne de l'immeuble raconte qu'elle a ouvert la porte à un homme qui est monté chez le docteur Harel. Mais quand on interroge le docteur, il répond que personne n'a sonné chez lui. Quel est cet homme qui est entré dans l'immeuble la nuit du crime ? Un complice de Danègre ?

Tout le monde pense maintenant à l'existence d'un complice et Ganimard, le célèbre inspecteur de police, aussi :

– Arsène Lupin, dit-il au juge.

– Ah ! Vous le voyez partout, votre Lupin.

– Je le vois partout, parce qu'il est partout !

– Vous le voyez chaque fois que quelque chose ne vous paraît pas très clair. Remarquez, pour l'heure du crime… la montre s'est arrêtée à 11 heures 20 et la gardienne parle d'une visite à 3 heures du matin. »

Malgré cela, la justice ne change pas d'avis sur Danègre : il est coupable. Mais son avocat montre que toutes les preuves ne sont pas réunies : où est la clé qui a permis à Danègre de fermer l'appartement ? Qui a vu le couteau de l'assassin ? Personne ne l'a trouvé. L'auteur du vol* et du crime est peut-être l'homme qui est entré dans l'immeuble à 3 heures du matin !

Enfin, après six mois de prison, Victor Danègre est libéré.

Quand il sort de prison, il prend un nouveau nom : Anatole Dufour. Il habite une petite chambre à Montmartre. Pour gagner de l'argent, il fait des petits travaux. Mais on le reconnaît toujours comme le coupable injustement sorti de prison.

Souvent, il aperçoit des hommes qui le suivent. Il ne sait pas si ce sont des policiers. Un soir, il mange dans un café à Montmartre quand un inconnu s'assoit en face de lui. C'est un homme de quarante ans environ, ses vêtements ne sont pas très propres. Il commande à dîner lui aussi.

Quand il a fini de manger sa soupe, il regarde Danègre pendant un long moment.

Danègre devient tout blanc. Cet homme est sans doute quelqu'un qui le suit depuis plusieurs semaines. Que veut-il?

L'homme se sert du vin et remplit le verre de Danègre.
– À votre santé!
– Oui… oui… à votre santé.
– À votre santé, Victor Danègre.
– Moi!… moi! mais non…
– Vous n'êtes pas vous? L'employé de la comtesse?
– Quel employé? Je m'appelle Dufour. Demandez au patron.
– Anatole Dufour, pour le patron, oui. Mais Danègre pour la justice.
– Ce n'est pas vrai! Pas vrai!

L'inconnu sort une carte de sa poche. Victor lit:

Grimaudan, ex-inspecteur de la sécurité.
Renseignements confidentiels.

– Vous êtes de la police?
– Non, plus maintenant. C'est un peu le même travail, mais je gagne plus d'argent. Quand je rencontre des personnes comme vous, par exemple…
– Comme moi?
– Oui. Vous êtes dans une situation où vous ne pouvez rien me refuser.

Victor Danègre, de plus en plus préoccupé, demande :

– Que se passe-t-il… ? Parlez.

– Bon, je suis envoyé par mademoiselle de Sinclèves.

– Sinclèves ?

– L'héritière de la comtesse d'Andillot.

– Eh bien ?

– Eh bien mademoiselle de Sinclèves me charge de vous demander la perle noire.

– Vous l'avez.

– Je ne suis pas l'assassin, donc je ne l'ai pas.

– C'est vous l'assassin.

Danègre fait un effort pour rire :

– Heureusement, mon bon monsieur, la justice n'est pas de cet avis. Finalement, tous m'ont reconnu innocent.

L'homme lui prend le bras :

– Taisez-vous, mon petit. Écoutez-moi attentivement, chaque parole est importante. Danègre, trois semaines avant le crime, vous avez pris dans la cuisine la clé qui ouvre la porte de service. Vous avez fait faire une copie de cette clé chez le serrurier* Outard, 244, rue Oberkampf.

– C'est pas vrai… pas vrai, répond Victor. Personne n'a vu cette clé. Elle n'existe pas.

– La voici.

Puis, après un long silence, Grimaudan dit :

– Vous avez tué la comtesse avec un couteau acheté place de la République.

– Personne n'a vu le couteau.

– Le voici.

– Et après ?… vous avez une clé et un couteau… Qui peut dire à qui ils appartiennent ?

– Le serrurier et l'employé à qui vous avez acheté le couteau. Je les ai interrogés. Ils peuvent vous reconnaître.

Danègre commence à avoir peur. Après son arrestation, la justice n'a jamais analysé la situation avec cette précision. Il répond :

– Ce sont toutes vos preuves ?

– Non, encore une chose. Quand vous êtes sorti de la chambre de la comtesse, après le crime, vous avez posé une main sur le mur.

– Comment le savez-vous ? Personne ne peut savoir…

– Les inspecteurs de police n'ont pas pensé à observer les murs. Mais on y voit une marque rouge, très légère. La marque de votre main, la main que vous avez posée sur le mur.

Victor Danègre a de plus en plus chaud. Il regarde cet homme qui parle tranquillement de son crime dans les moindres détails. Comme un témoin invisible qui a tout vu.

Il baisse la tête. Il a lutté pendant des mois contre la justice. Mais devant cet homme, il semble qu'il ne peut rien faire.

– Si je vous donne la perle, combien la payez-vous ?

– Rien.

– Comment ! Si je vous donne cet objet qui vaut plus de cent mille francs, vous ne me donnez rien.

– Si, la vie.

Et Grimaudan ajoute doucement :

– Cette perle n'a aucune valeur pour vous. Il vous est impossible de la vendre. Pourquoi la garder ?

– Un jour ou l'autre…

– Si ce n'est pas trop tard.

– Pourquoi ?

– Parce que la justice va vous arrêter, si je lui donne comme preuves le couteau, la clé, votre main sur le mur.

Victor prend sa tête entre ses mains et réfléchit. Il paraît perdu, il dit doucement :

– Quand la voulez-vous ?

– Ce soir.

– Sinon ?

– Sinon, j'envoie la lettre de mademoiselle Sinclèves qui vous dénonce à la police.

Danègre se sert deux verres de vin qu'il boit aussitôt, puis il se lève :
– Payez l'addition, et allons-y…

Il fait nuit maintenant. Les deux hommes descendent la rue Lepic, prennent les boulevards. Ils marchent en silence. Ils arrivent au parc Monceau, près du bureau de tabac où Danègre est venu le jour de son arrestation. Puis Danègre s'arrête un peu plus loin et s'assoit sur un banc.
– Eh bien ? demande Grimaudan.
– C'est là !
– Quoi ? Qu'est-ce que vous me dites ?
– Oui, là, devant nous.
– Devant nous !
– Je vous répète qu'elle est là.
– Où ?
– Entre deux pavés*.
– Lesquels ?
– Cherchez.
– Lesquels ? répète Grimaudan.

Victor ne répond pas.
– Alors, tu hésites…
– Non, mais c'est tout ce que j'ai… sinon, c'est la misère.
– Bon, combien tu veux ?
– Le prix d'un billet pour l'Amérique.
– D'accord.
– Et cent francs* pour le voyage.

– Je te donne deux cents. Parle.

– Comptez les pavés. C'est entre le douzième et le treizième.

– Là ?

– Oui, en bas du trottoir. Où il y a de l'eau.

Grimaudan regarde autour de lui. Des tramways passent, des gens aussi… Il prend son couteau et l'introduit entre le douzième et le treizième pavé.

– Et si elle n'est pas là ?

– Personne ne m'a vu. Elle doit être là.

La perle noire ici ! Dans la terre ! La perle noire… un objet si précieux !

– À quelle profondeur ?

– Elle est à dix centimètres, à peu près.

Il creuse la terre. Son couteau touche quelque chose. Il aperçoit la perle noire.

– Tiens, voilà deux cents francs. Je te donne ton billet pour l'Amérique plus tard.

Le lendemain, on pouvait lire dans les journaux :

« Depuis hier, la fameuse perle noire est entre les mains d'Arsène Lupin qui a retrouvé l'assassin de la comtesse d'Andillot. Des copies de ce précieux bijou vont être exposées à Londres, à Saint-Pétersbourg, à Calcutta et à New York.

Arsène Lupin attend des propositions. »

Voilà comment, sous le nom de Grimaudan, Arsène Lupin a réussi à reprendre la fameuse perle noire. Il est très fier de cette aventure. Les quarante minutes passées dans l'appartement de la comtesse sont les plus étonnantes de sa vie. Il a compris le crime et découvert le seul coupable possible : un employé de maison. Il a laissé le bouton de son gilet sous le lit, il a pris le couteau oublié sur le tapis et la clé oubliée dans la serrure. Il a fermé la porte à clé et il a fait disparaître les traces de sa main sur le mur.

Arrêté par la police, Danègre est libéré, par manque de preuves suffisantes. Des preuves qu'Arsène Lupin avait, lui, pour menacer l'assassin et récupérer la perle.

Arsène Lupin sort la perle d'une de ses poches secrètes, l'examine et la caresse. Puis il pense : « À quel milliardaire est destiné ce trésor ? Ce magnifique bijou porté par Léontine Zalti, comtesse d'Andillot ?... »

Pour comprendre la deuxième aventure

Mettez les actions dans le bon ordre (de 1 à 5).

☐ Victor Danègre sort de prison.

☐ Arsène Lupin retrouve la perle noire.

☐ Arsène Lupin découvre la comtesse morte dans sa chambre.

☐ Arsène Lupin montre à Victor Danègre qu'il a des preuves contre lui.

☐ L'employé de maison de la comtesse est arrêté par la police.

Répondez aux questions.

– À quel étage habite la comtesse ?

– Où la comtesse cache-t-elle la perle noire ?

– Qui a offert la perle noire à la comtesse ?

– Qui est arrêté par la police ?

– Quels objets Grimaudan a-t-il retrouvés comme preuves ?

– Où Danègre a-t-il caché la perle noire ?

Les mêmes personnages ont des noms différents. Retrouvez-les.

– Victor Danègre

– Léontine Zalti

– Arsène Lupin

– Anatole Dufour

– Comtesse d'Andillot

– Grimaudan

Choisissez la (ou les) réponse(s) correcte(s).

Après la mort de la comtesse, qu'a retrouvé la police ?
☐ les clés de l'appartement
☐ la perle noire
☐ un bouton de Danègre sous le lit de la comtesse

Quels sont les témoins entendus par la police ?
☐ la gardienne de l'immeuble et le docteur Harel
☐ Arsène Lupin
☐ la cuisinière et une employée

Pourquoi Danègre peut-il sortir de prison ?
☐ parce qu'on a retrouvé le couteau du crime
☐ parce qu'on a retrouvé la montre de la comtesse
☐ parce qu'un autre homme est venu dans la nuit du crime

Que fait Arsène Lupin après la découverte du crime ?
☐ il prend la montre de la comtesse
☐ il observe les murs de l'appartement
☐ il ferme à clé l'appartement

À quelle heure…

– Arsène Lupin a sonné à l'entrée de l'immeuble ?

– la montre de la comtesse s'est arrêtée ?

– Danègre est allé au bureau de tabac ?

– la cuisinière a trouvé les portes fermées à clé ?

– 3 –

L'Arrestation d'Arsène Lupin

L'étrange voyage ! La *Provence* est le nom de ce superbe bateau rapide et confortable sur lequel nous sommes pour traverser l'Atlantique. Des personnes riches et distinguées sont réunies ici. On parle, on danse, on se divertit. C'est le début du XXe siècle. Nous avons le sentiment d'être sur une île inconnue, séparés du monde. Nous allons vivre plusieurs jours ensemble, avec des hommes et des femmes que l'on ne connaît pas. Pendant le temps du voyage, une vie intime s'organise, entre le ciel infini et la mer immense.

Le second jour, à cinq cents milles des côtes françaises, par un après-midi d'orage, le commandant reçoit ce message :

« Arsène Lupin est sur votre bateau, première classe, cheveux blonds, blessure* au bras droit, voyage seul, sous le nom de R… »

À ce moment, un coup de tonnerre* violent éclate dans le ciel. Nous ne recevons pas la fin du message. La nouvelle est extraordinaire. Très vite, tout le monde le sait : Arsène Lupin est sur le bateau parmi nous ! Les journalistes parlent de lui depuis des mois ! L'étonnant personnage que notre meilleur policier, Ganimard, n'a pas réussi à arrêter ! Arsène Lupin, le gentleman qui s'intéresse aux châteaux et aux objets d'art. Arsène Lupin, l'homme aux mille visages qui peut être chauffeur, fils de famille, vieillard, médecin russe ou torero espagnol ! Qui sait ?

Vous imaginez ! Arsène Lupin va et vient sur ce bateau… dans l'espace réservé aux premières classes, dans cette salle à manger, dans ce salon. Arsène Lupin c'est peut-être ce monsieur… ou… mon voisin de table…

– Et cela va durer encore cinq jours, s'écrie Miss Nelly Underdown, mais ce n'est pas possible ! J'espère qu'on va l'arrêter.

Nelly Underdown est une jeune femme très belle et très riche. Elle vit à Paris avec sa mère française et va rendre visite à son père à Chicago. Elle est toujours entourée d'un groupe d'admirateurs. Elle me demande :

– Vous, monsieur d'Andrézy, vous avez parlé au commandant,…

Je lui réponds :

– Je ne sais rien de précis, mademoiselle, mais on peut mener nous-mêmes notre enquête…

– Oh ! Vous pensez ?

– Le problème est-il si compliqué ?

– Très compliqué.

– Nous avons des informations : premièrement, Lupin se fait appeler monsieur R…

– Ce n'est pas très précis.

– Deuxièmement, il voyage seul.

– Cela ne suffit pas.

– Troisièmement, il est blond.

– Et alors ?

– J'ai la liste des passagers dans ma poche : treize personnes ont un nom qui commence par R…

– Treize seulement ?

– En première classe, oui. Mais neuf sont accompagnées. Il reste quatre hommes qui voyagent seuls : le marquis* de Raverdan…

– Secrétaire d'ambassade, je le connais, dit Miss Nelly.

– Le major Rawson.

– C'est mon oncle, dit quelqu'un.

– Monsieur Rivolta…

– Présent, répond un Italien avec une barbe très noire.

Miss Nelly éclate de rire :

– Ce monsieur n'est pas blond !

– Le coupable est donc le dernier de la liste : M. Rozaine.

– Eh bien, M. Rozaine, vous ne répondez pas ? dit Nelly.

Tout le monde tourne les yeux vers lui. Il est blond. Silence. Je ressens une certaine émotion.

– Pourquoi je ne réponds pas ? Je suis arrivé au même résultat que vous : je veux donc qu'on m'arrête.

Miss Nelly demande alors :

– Mais vous n'avez pas de blessure ?

– Il est vrai, dit-il, la blessure manque.

D'un geste, il relève sa manche et découvre son bras. Je m'aperçois qu'il a montré son bras gauche quand lady Jerland, l'amie de Miss Nelly, arrive, bouleversée* :

– Mes bijoux, mes perles !… on a tout pris !…

En vérité, le voleur* n'a pas tout pris : il a choisi les diamants, les pierres les plus petites mais les plus précieuses. Et cela en plein jour, pendant que lady Jerland prenait le thé !

Tout le monde pense alors la même chose : c'est Arsène Lupin. Cette façon si particulière de voler, si compliquée, si mystérieuse… Au dîner, personne ne veut s'asseoir à côté de Rozaine, et le même soir, on apprend son arrestation.

Les passagers sont à nouveau joyeux et détendus*. On danse. Miss Nelly semble apprécier ma compagnie.

Mais le lendemain matin, on apprend que Rozaine est à nouveau libre : fils d'un riche commerçant de Bordeaux, son identité a été vérifiée, et il n'a pas de blessure. Et puis au moment du vol*, il se promenait sur le pont*. Ce ne peut donc pas être lui.

Les passagers ne sont pas rassurés*. Quand Rozaine s'approche de notre groupe, Miss Nelly et lady Jerland s'éloignent. Elles ont peur.

Une heure après, un message est transmis à tous les employés, les matelots* et les voyageurs de toutes les classes : monsieur Louis Rozaine promet dix mille francs* à la personne capable de retrouver Arsène Lupin ou celui qui détient* les pierres précieuses volées.

Rozaine contre Arsène Lupin ou Arsène Lupin contre Arsène Lupin ? Pendant deux jours, on le voit marcher de droite à gauche, observer tout le monde et interroger le personnel. La nuit, on aperçoit son ombre*.

De son côté, le commandant organise les recherches sur le bateau, du haut en bas de la *Provence*, dans toutes les cabines.
– On va trouver le coupable, me dit Miss Nelly. Les perles et les diamants sont sûrement quelque part.
– Oui, lui dis-je. Peut-être dans nos chapeaux ou dans la doublure* de nos vestes !

Je lui montre mon appareil photo avec lequel je la photographie souvent :
– Dans un appareil comme celui-ci, pourquoi ne pas mettre toutes les pierres précieuses de lady Jerland ? Selon moi, nous perdons notre temps.

Les recherches ne donnent aucun résultat. Un autre incident vient encore nous surprendre : le vol de la montre du commandant. Furieux, il surveille davantage Rozaine mais, le lendemain, on retrouve la montre dans la doublure d'un uniforme.

C'est sans doute Arsène Lupin qui a fait cela. Avec humour, le célèbre cambrioleur imagine les situations les plus imprévisibles. Quand j'observe Rozaine, je pense au double rôle de ce curieux personnage. J'ai de l'admiration pour lui.

L'avant-dernière nuit du voyage, un officier entend du bruit sur le pont. Le lieu est obscur, on ne voit rien. Il s'approche et aperçoit un homme par terre, la tête entourée d'une écharpe épaisse et les mains attachées.

Cet homme, c'est Rozaine. On le relève, on le libère et on trouve une carte avec ces mots :

«Arsène Lupin accepte les dix mille francs de M. Rozaine.»

En réalité, ce ne sont pas dix mille, mais vingt mille francs qui ont disparu de la poche de Rozaine. On accuse le malheureux d'avoir imaginé cette attaque contre lui-même, mais comment a-t-il fait pour s'attacher, seul ?

L'écriture de la carte est très différente de l'écriture de Rozaine. On pense à l'écriture d'Arsène Lupin. Donc, Rozaine n'est plus Arsène Lupin. Rozaine est Rozaine, fils d'un riche commerçant de Bordeaux.

C'est à nouveau la terreur. Personne ne veut rester seul dans sa cabine. On se regroupe, mais chacun a peur de son voisin. Maintenant, Arsène Lupin, c'est peut-être le respectable major Rawson ou le noble marquis de Raverdan, ou même cet homme père de famille…

Le dernier jour semble interminable. Tous les voyageurs pensent à un autre malheur : un vol, une agression ou, qui sait, un crime… Arsène Lupin paraît maître du lieu.

Miss Nelly est près de moi, elle cherche ma protection et je suis heureux de cette intimité. D'une certaine façon, je remercie Arsène Lupin de ces moments passés avec la jeune femme. Nous sommes l'un à côté de l'autre quand on aperçoit les côtes américaines.

Nous arrivons bientôt.

Notre bateau s'approche du quai. On attend. Qui est Arsène Lupin ? Sous quel nom, sous quel masque se cache-t-il ?

Miss Nelly me tient le bras, son visage est tout blanc. Je lui demande alors :

– Ça va ?

– Et vous ! me dit-elle, vous avez changé !

– Pensez donc ! Ce moment est passionnant ! Je suis heureux de le vivre près de vous, Miss Nelly.

Elle n'écoute pas. La passerelle* touche maintenant le quai, mais nous ne pouvons pas encore quitter le bateau : des policiers montent, des douaniers*.

– Arsène Lupin s'est peut-être échappé pendant la traversée ?

– Il a peut-être préféré mourir plutôt que d'être arrêté ? Et il a plongé dans l'Atlantique ?

– Ne riez pas, dit-elle.

Soudain, j'aperçois un vieil homme de l'autre côté de la passerelle :

– Vous voyez, ce vieux monsieur debout…

– Avec un parapluie et un manteau vert ?

– C'est Ganimard.

– Ganimard ?

– Oui, le célèbre policier qui va arrêter Arsène Lupin.

– Ah ! Comme j'aimerais assister à l'arrestation !

– Attendons. Arsène Lupin a certainement remarqué que son ennemi l'attend.

Le débarquement* commence. Ganimard observe les passagers qui descendent : le marquis de Raverdan, le major

Rawson, l'Italien Rivolta, et d'autres, beaucoup d'autres. J'aperçois Rozaine qui s'approche, fatigué par ce voyage.

– C'est peut-être lui, me dit Miss Nelly… Qu'en pensez-vous ? J'aimerais avoir une photo de Ganimard avec Rozaine.

– Prenez mon appareil, s'il vous plaît.

Je lui donne mon appareil, mais trop tard pour cette photo. Ganimard laisse passer Rozaine… Mais alors, ce n'est pas Arsène Lupin.

Tous les passagers sont bientôt descendus, sauf nous. Nous allons enfin descendre quand Ganimard m'arrête :

– Un moment, monsieur, s'il vous plaît.

– Je suis avec mademoiselle.

Il me regarde dans les yeux, puis il me dit :

Mais Arsène Lupin voyage sous le nom de R.

Oui, mais c'est une fausse piste. Cette fois, je t'arrête, Lupin !

J'hésite un moment. Il prend mon bras droit et ma blessure me fait souffrir. Je regarde Miss Nelly puis l'appareil photo que je lui ai donné à l'instant. Je pense qu'elle comprend maintenant : c'est là que j'ai caché les vingt mille francs de Rozaine, les perles et les diamants de lady Jerland.

C'est mon arrestation. Maintenant, tout m'est égal, sauf la décision que va prendre Miss Nelly. Que va-t-elle faire ? Va-t-elle me trahir ? A-t-elle de la sympathie pour moi ?

Elle passe devant moi. Elle quitte le bateau avec les autres voyageurs, mon Kodak à la main. Je pense qu'elle va le donner au policier.

Mais, au milieu de la passerelle, elle laisse tomber mon appareil photo dans l'eau.

Je la vois partir. Je vois cette jolie jeune femme disparaître. C'est fini. Je reste immobile.

Dommage !
Je ne suis pas
un honnête homme !

C'est ainsi qu'Arsène Lupin raconte l'histoire de son arrestation. Mais ses aventures continuent en prison et bientôt en dehors de la prison…

Pour comprendre la troisième aventure

Répondez aux questions.

– Où se passe l'histoire ?

– Qui est le passager recherché par la police ?

– Pourquoi Louis Rozaine est-il arrêté ?

– À qui a-t-on volé des bijoux ?

– Qui est agressé pendant la nuit ?

– Quel passager est arrêté par l'inspecteur Ganimard ?

Complétez avec « a » ou « n'a pas ».

– Arsène Lupin .... réussi à embarquer sous un faux nom.

– M. d'Andrézy .... la liste des passagers de première classe.

– Le voleur .... pris tous les bijoux de lady Jerland.

– On .... retrouvé les bijoux volés sur le bateau.

– Arsène Lupin .... caché les bijoux et l'argent dans l'appareil photo.

– Miss Nelly .... donné l'appareil photo à l'inspecteur Ganimard.

Associez chaque personnage à sa description.

Bernard d'Andrézy •

Ganimard •

Lady Jerland •

Louis Rozaine •

Nelly Underdown •

• jeune homme
aux cheveux blonds.

• jeune femme riche
et élégante.

• passager qui accompagne
souvent Nelly.

• vieux monsieur avec
un manteau vert.

• femme très riche,
amie de Nelly.

Vrai ou faux ?

	VRAI	FAUX
Les passagers ont peur d'être agressés par Arsène Lupin.	☐	☐
Rozaine a une blessure au bras droit.	☐	☐
Les bijoux de lady Jerland sont volés pendant la nuit.	☐	☐
Rozaine est réellement le coupable.	☐	☐
Arsène Lupin a volé vingt mille francs à Rozaine.	☐	☐
Bernard d'Andrézy est arrêté par l'inspecteur Ganimard.	☐	☐

Soulignez les différentes parties du bateau nommées dans l'histoire.

Le pont – les cabines – les secondes classes – les premières classes – la salle des machines – les toilettes – la passerelle.

Action (en bourse) : titre de propriété qui représente une part de capital de certaines sociétés.

Assassiné(e) : tué(e) volontairement par quelqu'un.

Blessé : qui a une blessure plus ou moins grave, qui a mal.

Blessure : ici, trace sur le corps. Une blessure fait souffrir.

Bougeoir : support servant à porter une ou plusieurs bougies.

Bouleversé(e) : qui a une émotion violente.

Cambrioleur : personne qui s'introduit dans les maisons pour voler★.

Chausson : chaussure en tissu que l'on porte chez soi.

Coffre-fort : armoire blindée où l'on met des objets précieux.

Comtesse : titre de noblesse (un comte, une comtesse).

Débarquement : descente des passagers ; quand les voyageurs quittent le bateau et arrivent sur terre.

Déplier : ouvrir une chose pliée.

Détendu : calme, décontracté.

Détenir (détient) : ici, qui a la perle.

Douanier : personne qui contrôle les marchandises aux frontières.

Doublure : tissu qui est à l'intérieur d'un vêtement.

Évanouir (s') : perdre connaissance, ne plus être conscient.

Francs : au début du XXe siècle, cent francs représentent une somme d'argent importante.

Héritage : ce qui est transmis par les générations précédentes.

Héritière : personne de la famille qui reçoit l'héritage.

Marquis : titre de noblesse.

Matelot : homme d'équipage sur un bateau.

Lexique

Ombre : zone obscure, qui ne reçoit pas une lumière directe.

Parquet : sol en bois.

Passerelle : pont étroit qui permet de descendre d'un bateau.

Pattes (à quatre) : marcher à quatre pattes, sur les mains et les genoux.

Pavés : pierres taillées qui recouvrent les anciennes rues de Paris.

Placard : espace de rangement, fermé par une porte.

Pont : ici, plan horizontal qui ferme la coque d'un bateau.

Prêter : donner pour un moment ; les banques prêtent de l'argent.

Rassuré : plus tranquille.

Rideau : tissu que l'on met devant les fenêtres.

Sauveur : personne qui a porté secours à une autre.

Serrure : système qui permet de fermer une porte à clé.

Serrurier : ici, personne qui fait des copies de clés.

Sonnette (coup de) : signal sonore qui annonce l'arrivée d'une personne.

Tapis : pièce de tissu que l'on met sur le sol.

Tonnerre (coup de) : bruit violent pendant un orage.

Veuve : femme dont le mari est mort.

Vider : prendre tout ce qu'il y a. Ne rien laisser.

Vol : action de voler.

Voler : prendre quelque chose à quelqu'un, sans son accord.

Voleur : personne malhonnête, qui a commis un vol.

Impression : Sepec-Numérique - Mars 2021 - N° d'impression : N06601210319
N° éditeur : 10273355
Dépôt légal : Février 2013